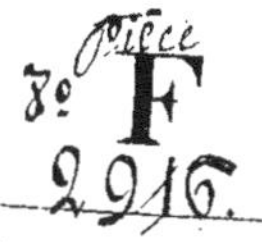

ÉTUDE DE LA LOI DU 9 AVRIL 1898

SUR LES

RESPONSABILITÉS DES ACCIDENTS

DONT LES OUVRIERS

SONT VICTIMES DANS LEUR TRAVAIL

PAR

G. JOUANNY

PRÉSIDENT DU CONSEIL DE PRUD'HOMMES DES PRODUITS CHIMIQUES DE PARIS
VICE-PRÉSIDENT DU COMITÉ CENTRAL DES CHAMBRES SYNDICALES

PARIS

LIBRAIRIE NOUVELLE DE DROIT ET DE JURISPRUDENCE

ARTHUR ROUSSEAU, ÉDITEUR

14, RUE SOUFFLOT ET RUE TOULLIER, 13

1898

ÉTUDE DE LA LOI DU 9 AVRIL 1898

SUR LES

RESPONSABILITÉS DES ACCIDENTS

DONT LES OUVRIERS

SONT VICTIMES DANS LEUR TRAVAIL

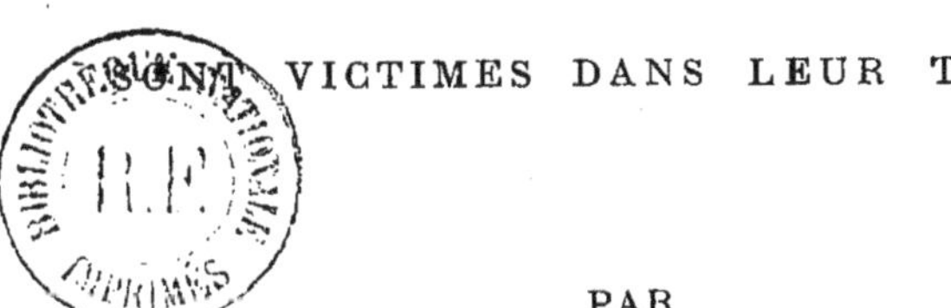

PAR

G. JOUANNY

PRÉSIDENT DU CONSEIL DE PRUD'HOMMES DES PRODUITS CHIMIQUES DE PARIS

VICE-PRÉSIDENT DU COMITÉ CENTRAL DES CHAMBRES SYNDICALES

PARIS

LIBRAIRIE NOUVELLE DE DROIT ET DE JURISPRUDENCE

ARTHUR ROUSSEAU, ÉDITEUR

14, RUE SOUFFLOT ET RUE TOULLIER, 13

1898

LA LOI

SUR LES

RESPONSABILITÉS DES ACCIDENTS

DONT LES OUVRIERS SONT VICTIMES DANS LEUR TRAVAIL

La Chambre vient d'adopter sans discussion, dans sa séance du 26 mars dernier, le texte voté par le Sénat le 19 mars, et la loi sur les accidents du travail est promulguée du 9 avril.

Voilà donc enfin un texte définitif, depuis que le 29 mai 1880 M. Martin Nadaud prit l'initiative de déposer une proposition de loi sur cette question. Est-ce à dire que cette gestation de dix-huit années ait mené à bon terme une loi parfaite ? Ce serait reconnaître aux œuvres parlementaires un mérite qui dépasse les facultés humaines.

Néanmoins, dans son ensemble, malgré des défauts importants sur lesquels nous avons l'intention de nous expliquer, le texte qui vient d'être voté et dont l'application n'est plus subordonnée qu'à la rédaction de règlements d'administration publique, constitue une amélioration réelle dans l'édifice de nos lois.

Défenseur convaincu du principe de l'application du droit commun, à l'origine de la discussion des propositions de loi concernant les victimes des accidents du travail, nous avons été de ceux qui ont protesté contre toute loi d'exception venant atténuer la responsabilité individuelle inscrite à l'article 1382 du code civil. Nous partagions la doctrine de ceux qui trouvent cette responsabilité suffisante pour permettre aux tribunaux d'indemniser et réparer justement les sinistres qui nous occupent.

Plus tard, nous avons dû reconnaître que la faiblesse des victimes, l'imprévoyance patronale, le caractère processif de certaines compagnies d'assurances et les clauses de déchéance de certains contrats d'assurance laissaient trop souvent de malheureux blessés sans ressources ; et nos sentiments d'humanité se sont révoltés en considérant ces pauvres mutilés que la loi abandonnait à l'assistance publique.

C'est sous l'empire de ces idées que nous sommes devenu l'apôtre résolu du « risque professionnel » comme étant un principe nouveau et équitable, dont l'adoption permet de remédier aux maux que nous avions constatés. Dans ce risque la *responsabilité de la faute* est remplacée par l'obligation transactionnelle d'une *indemnité forfaitaire* à toutes les victimes d'accidents.

Laissant de côté tous les arguments tirés du caractère excessif des anciens contrats d'assurance et des mécomptes qui sont résultés des procès qu'ils ont permis de soutenir, nous ne considérerons que les rapports entre les victimes et les auteurs responsables des accidents.

Sous la protection de la loi ancienne, la victime devait prouver que l'auteur présumé de l'accident était réellement fautif et que par suite la réparation lui incombait. De cette situation légitime sont nées toutes les contestations où l'auteur présumé de la faute excipait du cas fortuit, de l'impossibilité pour lui de se préserver contre un accident imprévu résultant de faits extérieurs ou d'outillage brisé sans causes apparentes. C'est à la suite de ces procès que la victime était exposée à rester sans secours, si aucune faute n'avait pu être établie contre l'auteur présumé de l'accident. Les tribunaux renvoyaient les parties animées et aigries l'une contre l'autre par les tracas du procès autant que par les blessures.

En Allemagne, où il existe d'excellents travaux de statistique sur cette matière, il était constaté dans un rapport présenté au Reichstag, en 1889, que 47 0/0 des accidents graves proviennent de cas fortuits ou d'événements de force majeure, que 20 0/0 sont imputables aux patrons, 25 0/0 aux ouvriers et 8 0/0 à la faute commune des uns et des autres (1). La moitié pour ainsi dire des victimes étaient donc incertaines même d'une indemnité ; 20 0/0 recevaient une réparation intégrale, 25 0/0 restaient blessées et sans recours et 8 0/0 recevaient une indemnité.

Cette situation résultait-elle du développement du machinisme ? Ce n'est pas une vérité absolue, car les statistiques sont encore là pour établir qu'aujourd'hui, dans les industries du tissage mécanique par exemple où le développement mécanique a atteint un développement considérable, le nombre des blessés a sensiblement diminué grâce à l'emploi d'appareils protecteurs, tandis que dans les industries à outillage primitif, telle que celle des maréchaux ferrants, les accidents ont augmenté.

C'est de la constatation de cet état de choses regrettable qu'est née la théorie du « risque professionnel », qui, entre « patron et ouvrier, crée de toutes pièces une entité abstraite, *l'industrie*, et met à sa charge la conséquence de tous les accidents. C'est l'industrie qui a fait le mal ; c'est elle qui doit le réparer. Dès lors, et sous réserve de la grosse question de la faute lourde, plus de contestation, plus de preuve ; il ne s'agit que d'établir la matérialité de l'accident, la gravité du dommage et d'*indemniser* la victime (2).

Indemniser toutes les victimes au lieu de réparer intégralement le dommage causé aux uns et ne rien donner aux autres, c'est l'idée de transaction qui apparaît, c'est l'entrée dans la voie d'un forfait qui semble équitable et ce sont ces principes nouveaux qui ont été dénommés le *risque professionnel*.

Voilà le principe nouveau qui se dégage de la loi actuelle.

Pendant que le parlement discutait les propositions de loi déposées successivement pour remédier à cet état de choses et que les congrès internationaux conféraient sur ce sujet, les syndicats professionnels patronaux étudiaient également la question, et au Congrès international de Bruxelles de juillet 1897, nous avions l'honneur de déposer un rapport, au nom de 108 syn-

(1) Poirrier, Rapport au Sénat, 1895, p. 3.
(2) Cheysson, Rapport au Congrès de Milan, 1894.

dicats représentant 14459 syndiqués, qui concluait à notre acceptation de supporter la charge du *risque professionnel* (1).

Le parlement français ayant, comme tous les législateurs (2), admis le risque professionnel, et notre constitution édictant l'égalité des citoyens devant la loi, il semblait que la loi nouvelle dût s'appliquer à tous les chefs d'entreprise.

L'article premier énumère au contraire limitativement les industries soumises à la loi et en excepte notamment les entreprises agricoles.

Art. 1er. — Les accidents survenus par le fait du travail, ou à l'occasion du travail, aux ouvriers et employés occupés dans l'industrie du bâtiment, les usines, manufactures, chantiers, les entreprises de transport par terre et par eau, de chargement, de déchargement, les magasins publics, mines, minières, carrières, et, en outre, dans toute exploitation ou partie d'exploitation dans laquelle sont fabriquées ou mises en œuvre des matières explosives, ou dans laquelle il est fait usage d'une machine mue par une force autre que celle de l'homme ou des animaux, donnent droit, au profit de la victime ou de ses représentants, à une indemnité à la charge du chef d'entreprise, à la condition que l'interruption de travail ait duré plus de quatre jours.

Les ouvriers qui travaillent seuls d'ordinaire ne pourront être assujettis à la présente loi par le fait de la collaboration accidentelle d'un ou plusieurs de leurs camarades.

Nous devons reconnaître que c'est peut-être une raison d'ordre politique qui a fait prévaloir cette rédaction à titre de loi d'essai et qu'en somme il est préférable de l'avoir ainsi plutôt que d'en avoir vu le vote encore ajourné ; mais nous tenons à constater que la loi nouvelle ne profitera qu'à une partie des salariés. Sous les réserves que nous allons exposer en ce qui concerne la tarification, nous espérons que le bénéfice de la loi s'étendra prochainement à tout le monde des travailleurs.

Pour tout examinateur impartial de la loi il faut reconnaître

(1) Jouanny, Rapport au Congrès de Bruxelles, 1897, p. 523.
(2) Maurice Bellom, Rapport au Congrès de Milan, 1894.

qu'en dehors des garanties qu'elle doit contenir la question de tarification est primordiale. C'est elle qui justifiera son utilité, en fixant les indemnités à un taux suffisant pour en faire plus qu'un secours d'assistance, tout en le maintenant inférieur au taux d'une réparation intégrale, puisqu'il est entendu que la loi a un caractère forfaitaire.

Enfin il faut tenir compte des charges antérieures supportées par les chefs d'entreprise pour que la transaction nouvelle ne leur crée pas une situation impossible à supporter.

Nous estimons que la base de la tarification doit être prise en calculant le préjudice causé à une victime réduite à l'état d'invalidité absolue et permanente, puisque c'est le cas le plus grave, le plus lamentable et le plus digne d'intérêt. Il y a là, en effet, non seulement une victime réduite à l'inaction mais une privation de ressources pour ses ayants droit naturels, en outre la victime constitue elle-même une charge pour sa famille.

Etant donné qu'en général on considère en moyenne que :

· l'âge moyen de cessation de travail des ouvriers non blessés est de.. . . . . . . 60 ans.
l'âge moyen de décès des ouvriers est de. . 64 ans.
l'âge moyen des blessés est de. . . . . . 30 ans.
l'âge moyen de décès des ouvriers blessés
est de. . . . . 54 ans 1/2.

La part de prévoyance ou la charge qui incombe à l'ouvrier en tout état de cause et indépendamment de l'accident représente :

$$\frac{60-64}{54,5-30} = \frac{4}{24,5} = \frac{5}{30}$$ de son salaire annuel au moment de l'accident. Il s'en suit que c'est la différence, soit 25/30 de ce salaire, dont il est privé par l'accident, en ne tenant compte ni des périodes de maladies, ni des périodes de chômage.

Dans ces conditions, n'est-il pas juste d'estimer qu'une rente viagère de 15/30 c'est-à-dire de 1/2 de son salaire est une indemnité équitable, le chef d'entreprise ayant seul la charge de la prévoir et d'en supporter les conséquences.

Par suite, lorsque l'invalidité n'est que partielle et permanente, la rente doit être de 1/2 *de la réduction* de la capacité de travail, et en cas d'invalidité temporaire, l'indemnité journalière doit être également de 1/2 du salaire quotidien, plus les soins médicaux et pharmaceutiques pour les périodes de traitement.

Pour les deux derniers cas, ce sont bien, du reste, les proportions prévues par la loi ; mais par une anomalie qui ne s'explique que par des motifs de sentimentalité et parce que ces chiffres n'ont pas été contestés dès l'origine de la discussion de la loi, la tarification de 1/2 a été repoussée pour les cas d'*invalidité absolue* et permanente, et c'est la base de 2/3 qui est prescrite par la loi.

Nous affirmons qu'avec les chances de chômage et de maladie qu'avait la victime avant l'accident, en lui donnant une rente des 2/3 ou des 20/30 de son salaire, alors que l'accident ne lui cause un préjudice que de 25/30, c'est lui donner non pas une indemnité forfaitaire, mais une réparation presque intégrale, contraire au principe du risque professionnel.

Nous allons même plus loin, et sans crainte d'être taxé d'exagération, nous affirmons que si, en outre des chances de chômage et de maladie, on tient compte que, dans la dernière période de sa vie, l'ouvrier gagne moins que lorsqu'il est adulte, une rente des 2/3 de son salaire lui constituera, au point de vue financier, une situation plus avantageuse que s'il n'avait pas été blessé.

Le parlement a du reste reconnu que cette base ne pouvait s'appliquer à *tous* les accidents, et nous le répétons la loi fixe l'indemnité à une rente incessible et insaisissable, payable par trimestre, de la *moitié* du salaire pour les cas d'invalidité partielle et permanente et à une indemnité journalière de la *moitié* du salaire pour les incapacités temporaires, plus les frais médicaux et pharmaceutiques pendant les périodes de traitement.

Cette anomalie injuste en elle-même pourra paraître négligeable à certains esprits, parce que sa conséquence financière n'incombera qu'aux chefs d'entreprise ; mais elle a entraîné le vote d'autres dispositions concernant les cas de mort dont toute la répercussion va malheureusement retomber sur le monde des travailleurs.

En cas de mort de la victime d'un accident l'article 3 de la loi (§§ A, B et C) accorde une pension aux personnes ci-après désignées dans les conditions suivantes :

« ART. 3. — A. *Une rente viagère égale à 20 0/0 du salaire annuel de la victime pour le conjoint survivant non divorcé ou séparé de corps, à la condition que le mariage ait été contracté antérieurement à l'accident.*

En cas de nouveau mariage, le conjoint cesse d'avoir droit à la rente mentionnée ci-dessus ; il lui sera alloué, dans ce cas, le triple de cette rente à titre d'indemnité totale.

B. *Pour les enfants, légitimes ou naturels, reconnus avant l'accident, orphelins de père ou de mère, âgés de moins de seize ans, une rente calculée sur le salaire annuel de la victime à raison de 15 0/0 de ce salaire s'il n'y a qu'un enfant, de 25 0/0 s'il y en a deux, de 35 0/0 s'il y en a trois et 40 0/0 s'il y en a quatre ou un plus grand nombre.*

Pour les enfants, orphelins de père et de mère, la rente est portée pour chacun d'eux à 20 0/0 du salaire.

L'ensemble de ces rentes ne peut, dans le premier cas, dépasser 40 0/0 du salaire, ni 60 0/0 dans le second.

C. *Si la victime n'a ni conjoint, ni enfant dans les termes des paragraphes A et B, chacun des ascendants qui était à sa charge recevra une rente, viagère pour les ascendants et payable jusqu'à seize ans pour les descendants. Cette rente sera égale à 10 0/0 du salaire annuel de la victime, sans que le montant total des rentes ainsi allouées puisse dépasser 30 0/0.*

Chacune des rentes prévues par le paragraphe C est, le cas échéant, réduite proportionnellement.

Les rentes constituées en vertu de la présente loi sont payables par trimestre ; elles sont incessibles et insaisissables.

Les ouvriers étrangers, victimes d'accidents, qui cesseront de résider sur le territoire français recevront, pour toute indemnité, un capital égal à trois fois la rente qui leur avait été allouée.

Les représentants d'un ouvrier étranger ne recevront aucune indemnité si, au moment de l'accident, ils ne résidaient pas sur le territoire français. »

Les conséquences de ces prescriptions sont fatales. Puisque les ouvriers étrangers n'imposent pas les mêmes responsabilités aux chefs d'entreprise, ceux-ci vont les rechercher de préférence aux ouvriers français et la loi qui aura voulu assurer des indemnités en cas d'accident survenu au cours du travail aura comme premier effet de supprimer le travail aux ouvriers français.

Plus grave encore est la conséquence des indemnités variables accordées aux ayants droit de la victime et *proportionnellement à leur nombre*, l'ensemble peut en atteindre une rente égale à 60 0/0 du salaire de la victime.

Nous allons voir le père de famille, le fils plein de cœur qui prend soin de ses ascendants, éliminés peu à peu de nos ateliers et l'ouvrier vivant en concubinage sera préféré à l'ouvrier marié. Le chef d'entreprise, en présence de ses intérêts trop gravement compromis, se contentera d'exécuter strictement la loi, étouffant toute idée humanitaire de solidarité, renonçant à entretenir les œuvres de bienfaisance volontairement créées par lui, et le développement naturel de notre société en sera ralenti. Les mariages seront moins fréquents, les naissances moins nombreuses, la piété filiale moins constante, et ce seront les travailleurs qui seuls supporteront les conséquences de cette situation. Nous estimons qu'il eût été facile d'épargner aux français laborieux de devenir les victimes d'une loi qui prétend les protéger.

L'erreur vient de la situation d'esprit dans laquelle se sont trouvés les législateurs en présence des nombreux textes de proposition de loi qui leur étaient soumis. A l'envi les uns des autres, ces textes prétendaient codifier à la fois la *responsabilité,* la *solvabilité* et l'*assistance*.

Puisqu'il s'agit des accidents survenus dans le travail, il fallait n'envisager que le contrat de travail et les conditions dans lesquelles il avait été consenti.

Dans le contrat de louage d'ouvrage, deux parties seulement

sont contractantes, le chef d'entreprise qui promet un prix déterminé et celui qui loue ses services pour faire, en échange du prix, un travail également déterminé. Le contrat est donc impersonnel : d'un côté un salaire et de l'autre un travail. Au lieu de le considérer ainsi, on a fait intervenir les tiers ne figurant pas au contrat, on a donné à la loi un caractère d'assistance et on a rendu son application des plus difficile.

Mettons-nous dans cette situation juridique et examinons ce que devient le préjudice causé à l'ouvrier tué dans son travail. C'est incontestablement le capital représentatif de ce qu'il aurait pu gagner pendant le reste de sa vie productive, et le calcul en est aisé : c'est son salaire annuel au moment de l'accident multiplié par le nombre d'années de sa survie probable, indépendamment de toute blessure et défalcation faite des quelques années improductives dans sa vieillesse.

Exemple : Un homme de 30 ans, gagnant 1000 francs par an, ayant une survie probable de 34 ans et une vieillesse improductive de 4 ans, perd en mourant :

$$1000 \times (34\text{-}4) = 30.000 \text{ francs.}$$

Si nous nous reportons aux explications qui précèdent en ce qui concerne la proportion de 1/2 de l'indemnité forfaitaire résultant de la reconnaissance du risque professionnel, le chef d'entreprise devra $1/2 \times 30.000$ francs $= 15.000$ fr. en *capital* (et nous négligeons à dessein l'escompte de cette somme à payer par anticipation).

C'est là, selon nous, l'indemnité qui doit être allouée aux héritiers naturels de la victime, et le partage devra en être fait suivant le droit commun.

Toutefois, il faut prévoir le cas où la victime succomberait sans héritiers naturels. Dans ce cas, nous estimons que ce capital devrait être versé à la caisse de garantie gérée par l'Etat et prévue à l'article 25 de la loi nouvelle ; de façon que cette exception ne puisse créer un avantage au chef d'entreprise.

Si les paragraphes A, B, C de l'article 3 avaient été rédigés en ce sens, tous les reproches que nous leur adressons tombaient d'eux-mêmes, la loi avait une unité qui lui manque et son caractère était impersonnel. Nous espérons que, dans la prochaine législature, ce seront les ouvriers eux-mêmes qui prendront l'initiative d'en demander la modification; leur intérêt évident les y engage.

Enfin, et nous sommes heureux de pouvoir terminer par un éloge cette discussion des indemnités, c'est très sagement que l'article 5 de la loi encourage les ouvriers à faire partie des sociétés de secours mutuels. Lorsqu'ils se seront affiliés à des sociétés garantissant à la fois des indemnités et des secours *en cas de maladie* et *en cas d'accident*, le tiers de leurs versements mensuels pourra être acquitté par les chefs d'entreprise, qui se déchargeront ainsi du service des indemnités journalières et les ouvriers deviendront eux-mêmes les exécuteurs de la loi en tant que visiteurs des malades, leur collaboration à son fonctionnement en assurera la moralité.

Dans une seconde partie, la loi nouvelle fixe une procédure simple et peu onéreuse en ce qui concerne les déclarations d'accidents et les enquêtes que ceux-ci motiveront.

La déclaration doit être faite dans les 48 heures au maire qui en dresse procès-verbal ; elle doit être accompagnée d'un certificat médical; puis le maire classe les déclarations des accidents qui paraissent légers et transmet les autres au juge de paix. Celui-ci fait une enquête dans les 10 jours de l'accident et le 16e transmet son dossier au tribunal, qui, dans les 5 jours, constate l'accord des parties au sujet du montant de l'indemnité et sinon renvoie l'affaire devant le tribunal, qui statue comme en matière sommaire. L'assistance judiciaire est de plein droit devant le juge de paix et en première instance.

Ces jugements sont susceptibles d'appel selon les règles de droit commun et dans les 15 jours du jugement. La prescription est d'un an. La demande de révision fondée sur la modification de l'état de la victime est de 3 ans.

Les *garanties* données par la loi ont été les principales causes de la durée de son élaboration. Le fait de créer un droit nouveau par suite de la reconnaissance du risque professionnel impliquait la nécessité de garantir son exécution, et la législation allemande ayant pris l'initiative, en pareille matière, de créer l'assurance obligatoire pour les chefs d'entreprise, il a fallu de longues années pour défendre les idées de liberté si chères à la France, tout en les conciliant avec la nécessité d'assurer aux victimes le paiement de leurs indemnités.

Les comptes rendus des Congrès internationaux de Berne, de Milan et de Bruxelles, ceux des débats parlementaires devant nos Chambres sont remplis de propositions qui ont abouti à un texte qui mérite toute notre approbation.

Les indemnités allouées à la suite d'incapacités temporaires, les frais pharmaceutiques et funéraires sont garantis par le privilège de l'article 2101 du code civil.

Les rentes allouées à la suite des invalidités permanentes et celles allouées aux ayants droit des victimes décédées, sont dues par les chefs d'entreprise restés leurs propres assureurs ou par les assureurs qu'ils ont choisis. A défaut de paiement par les débiteurs la Caisse nationale des retraites assure aux victimes le paiement de ces pensions au moyen d'un fonds de garantie spécial, constitué par des centimes additionnels au principal de la patente des chefs d'entreprise assujettis à la loi.

L'Etat surveille, en outre, le fonctionnement de toutes les compagnies d'assurances qui doivent constituer des cautions et des réserves, et en outre il a droit de recours contre les chefs d'entreprise qui suspendent le paiement des pensions dont ils sont débiteurs.

Par ce système, l'assurance obligatoire devient inutile et l'initiative privée est incitée à créer des assurances mutuelles dont le développement prouvera rapidement la puissance de l'association.

Actuellement les victimes d'accidents reçoivent à peu près 13 millions des compagnies françaises, 4 millions des mutuelles françaises et 4 millions des compagnies étrangères, soit au total 21 millions pour 2 milliards et demi de salaires assurés (1).

(1) Jouanny, Congrès de Bruxelles, 1897 (*Compte rendu*, p. 729).

La loi nouvelle s'appliquera à environ *4 milliards* de salaires, et plus de 65 *millions* seront répartis annuellement entre les victimes d'accidents (1). Les bénéficiaires de la loi doivent donc reconnaître qu'ils ont reçu satisfaction ; mais nous terminons en rappelant les observations faites au cours de cette étude : il nous semble que c'est surtout de la part du monde du travail que doit venir la demande d'extension de la loi et tout d'abord la modification des tarifs eu égard à la répercussion qu'il est exposé à en subir.

(1) Déposition des groupes syndicaux à la commission du Sénat (17 novembre 1897).

Imp. G. Saint-Aubin et Thevenot. — J. Thevenot, successeur, Saint-Dizier